Ch. M.

hommage et souvenir

J. Bissexant

3356

Fol. Z Le Senne
51H.

INTRODUCTION.

« Avant que d'entrer dans le récit des troubles qui suivirent la prison du « roi Jean, nous ne pouvons refuser notre attention à un grand objet, qui « se présente et qui est le principal de cette histoire : l'Hôtel de Ville. »

C'est en ces termes que Félibien et Lobineau, arrivés à la Prévôté révolutionnaire d'Étienne Marcel, annoncent qu'ils vont interrompre leur récit, pour remettre sous les yeux du lecteur le tableau du gouvernement municipal de Paris, et faire connaître en quel lieu, de quelle façon, dans quelles limites ce pouvoir s'est exercé. Le développement anomal qu'il prend, à partir des États généraux de 1355, les inquiète visiblement; et, en rappelant ce qu'a été jusqu'alors la Prévôté bourgeoise, administration paisible, subordonnée, gouvernement de marchands et de pères de famille, ils montrent assez combien ils désapprouvent l'extension abusive que Marcel lui a donnée; ils indiquent suffisamment leur peu de sympathie pour ce magistrat devenu, malgré lui peut-être et par la force des choses, le grand agitateur de la cité.

Le besoin qu'éprouvaient les deux savants annalistes parisiens, nous le ressentons aussi, dans une certaine mesure, en présentant au public une histoire, fort intéressante d'ailleurs, de la courte et orageuse Prévôté d'Étienne Marcel. Plus l'administration de ce chef de la bourgeoisie parisienne a été insolite, plus il nous semble à propos de dire ce qu'était régulièrement, avant lui, le vieux et traditionnel régime de la Marchandise de l'eau, ce qu'il est devenu après la crise aiguë que Marcel lui a fait traverser, et quels souvenirs cette gestion exceptionnelle des affaires municipales a laissés dans les esprits, à une époque aussi profondément troublée.

Cette sorte d'introduction historique aurait dû être écrite par l'auteur lui-même, et elle y eût certainement beaucoup gagné. Mais M. Perrens s'est senti plus particulièrement attiré vers Étienne Marcel, et il n'a pas jugé nécessaire de le rattacher administrativement à ses prédécesseurs. Cette physionomie étrange, presque unique dans les annales de Paris, l'a absorbé tout entier; ce marchand parisien, devenu le représentant énergique et redouté d'une bourgeoisie qui connaissait sa richesse et devinait sa puissance, lui a semblé résumer, prématurément peut-être, mais au juste et au vrai, les aspirations d'une ville, d'un pays, et personnifier ainsi toute une époque. Les Prévôts débonnaires auxquels Marcel a succédé n'ont point fixé l'attention de M. Perrens : il n'a vu en eux que de petits bourgeois, confinés dans les affaires de leur commerce et de leur échevinage, occupés, en temps normal, d'assurer l'approvisionnement de la cité, le pavage des rues, l'établissement des fontaines et la police des ports; de répartir la taille, d'assister le Roi de leurs deniers dans les moments difficiles, et de mettre la Ville en état de défense, sauf à demander plus tard un octroi ou une aide; de gouverner enfin les gens de métier et de maintenir le bon ordre, avec le concours et sous l'autorité du Parlement et du Châtelet.

Les prédécesseurs d'Étienne Marcel, il faut bien en convenir, n'ont guère fait autre chose, excepté lorsqu'ils allaient eux-mêmes ou lorsqu'ils envoyaient leurs Échevins remplir bravement le devoir de gardes du corps, et tomber sous les coups de l'ennemi en défendant la vie du souverain[1]. Toutefois, cette gestion municipale, ainsi bornée, a bien quelque importance, et elle mérite qu'on s'y arrête un instant, alors même qu'on obéirait à des préoccupations différentes, et qu'on se laisserait entraîner à un autre courant d'idées. Nous comprenons qu'un historien du Tiers État et de la Révolution, tout occupé de raconter les vicissitudes du pouvoir bourgeois et populaire à Paris, passe rapidement sur les noms des Bignon, des Turgot, des Pontcarré, des Caumartin, des La Michodière, qui représentent si dignement l'Édilité parisienne au dernier siècle, et qu'il aille droit à Bailly, parce que Bailly, c'est le serment du Jeu de Paume, c'est le lendemain de la prise de la Bastille, c'est la Fédération, le Champ de Mars et la place de la Révolution. Mais cette lacune volontaire, un autre historien la comblera peut-

---

[1] Les deux frères Gentien, Gencien ou Jencian, qui furent envoyés, en 1304, à ce poste d'honneur, périrent courageusement à la bataille de Mons-en-Puelle, en tenant la bride du cheval de Philippe le Bel. Leur maison, dite plus tard «à la Coquille,» et sise dans les rues des Coquilles et Barre-du-Bec, est représentée par celle qui fait aujourd'hui l'angle oriental des rues du Temple et de Rivoli. Guillebert de Metz, qui écrivait en 1407, mentionne en ce même lieu une rue *Gracien*, corruption probable du nom de Gentien. Le *vicus Gentianus* a porté successivement les noms de plusieurs membres de cette célèbre famille; il est appelé, dans le *Dit* de Guillot, «la ruelette Gencien.»

INTRODUCTION.

être, et les prédécesseurs de Bailly, rejetés dans l'ombre par l'éclat extraordinaire dont cette figure, ainsi que celle de Marcel, est entourée dans l'histoire, auront, eux aussi, leur jour de lumière. Les prédécesseurs d'Étienne Marcel n'ont-ils pas, dès aujourd'hui, droit à la même justice, et n'est-ce pas le moment d'esquisser, à grands traits, la physionomie de ces vénérables représentants du pouvoir municipal?

Avant «les troubles qui suivirent la prison du roi Jean,» pour parler le langage de Félibien, le gouvernement municipal est presque impersonnel. Les Bourgeois s'assemblent au «Parlouer» et administrent collectivement, sous la présidence un peu effacée d'un des leurs, à peu près comme les magistrats consulaires décident en chambre du conseil : on les appelle alors les Marchands (*Mercatores*), les Bourgeois (*Burgenses*). C'est en cette double qualité qu'ils reçoivent du roi Louis le Gros, en 1121, concession du droit de soixante sous, qui se levait à Paris sur chaque *navée* de vin : «Sexaginta «solidos quos de unaquaque navi vino onerata Parisius capiebamus,» et qu'ils s'entendent, en 1141, avec Louis le Jeune, pour l'acquisition de la place de Grève et du Monceau Saint-Gervais, terrain complétement dégagé où s'éleva plus tard le palais municipal : «De Grevia et Montcello planitiem «illam, prope Secanam, totam ab omni edificio vacuam, nullisque occupa-«cionibus impeditam, vel impedimentis occupatam, sic in perpetuum ma-«nere concessimus[1].»

Quels sont donc ces Bourgeois et ces Marchands, qui traitent ainsi directement avec l'autorité royale? Ce sont les continuateurs des *Nautæ Parisiaci*, les représentants successifs de ces antiques corporations de bateliers, qu'on retrouve, pendant toute la période gallo-romaine, sur les bords de la Loire et du Rhône, comme sur les rives de la Seine[2], et qui, par les services qu'ils rendent aux villes en les approvisionnant, par le développement continu de la richesse acquise, par la puissance inhérente à toute collectivité, arrivent promptement à constituer le noyau de la bourgeoisie, et se placent naturellement à la tête des populations urbaines.

Sans être, aussi immédiatement peut-être que le prétendent Le Roy et Félibien, les successeurs des *curateurs* et des *défenseurs* de la cité, ils sont, par excellence, en situation de le devenir, puisque, aux termes des lois romaines, passées dans la coutume de Paris, les magistrats municipaux

---

[1] *Preuves de la Dissertation de Le Roy*, p. xcv. — [2] Voir l'ouvrage de M. Mantellier sur les *Nautæ Ligerici*.

doivent être choisis « inter municipes et honoratos, » et que nulle corporation n'est plus ancienne ni plus respectée que la leur. Marchands et Édiles tout à la fois, ils font habituellement le commerce par eau, remplissent dans l'intervalle les fonctions municipales les plus essentielles, et sont encore magistrats lors même qu'ils semblent ne s'occuper que de leur négoce, puisque l'approvisionnement et, par suite, la tranquillité de la Ville en sont le principal objet.

Le pavage des rues, en particulier, attribution fondamentale des corps municipaux, l'entretien des chaussées, des quais, des ponts et des fontaines, leur incombaient dès la plus haute antiquité, comme représentants de la Communauté parisienne. Tout le monde connaît le passage des *Gestes de Philippe-Auguste*, dans lequel Rigord raconte que le Roi, se trouvant alors à Paris (1184) pour les affaires de l'État, et s'étant mis à une fenêtre du palais de la Cité pour se distraire, sentit une odeur fétide s'exhaler des boues sillonnées par les chariots; ce qui l'engagea à convoquer les principaux Bourgeois de la Ville et le Prévôt de Paris, pour leur donner l'ordre de garnir de fortes pierres les rues principales : «Convocatis Burgensibus, cum Præposito ipsius «civitatis, regia auctoritate præcepit quod omnes vici et viæ totius civitatis «Parisii duris et fortibus lapidibus sternerentur [1]. »

Cette besogne, imposée aux Bourgeois à titre de dépense municipale, comme le fut plus tard la construction d'une enceinte défensive, comprenait le pavage de toutes les voies publiques, autres que la *Croisée royale* [2] et les chaussées existant à l'état de routes en dehors des portes de Paris. Les Bourgeois se répartissaient entre eux les frais de premier établissement et d'entretien, selon l'importance des voies. Les plus fréquentées étaient à la charge de la Communauté; les plus petites, bordées ordinairement par les propriétés d'un ou de deux habitants, devaient être entretenues par eux. Cette attribution, ce partage entre le Roi, la Ville et les habitants, sont confirmés, en 1285, par Philippe le Bel, à son avénement au trône [3]; après avoir traversé près de six siècles, ils forment encore aujourd'hui la base de notre droit public.

---

[1] Rigordus, *De Gestis Philippi Augusti, Francorum regis*, dans le *Recueil des Historiens de la Gaule et de la France*, t. XVII, p. 16.

[2] La *Croisée royale*, ou *Croisée de Paris*, n'était autre chose que l'intersection des deux grandes voies qui joignaient, du nord au sud, la porte Saint-Denis à la porte Saint-Jacques, et de l'est à l'ouest, la porte Baudoyer au château du Louvre. Le parcours de ces quatre rues, originairement assez courtes, s'allongea un peu plus tard, lorsqu'on agrandit les enceintes; mais le pavage en resta toujours à la charge du trésor royal, comme «Chemyn le Roy.»

[3] *Preuves de la Dissertation de Le Roy*, p. civ.

INTRODUCTION. v

Mais revenons à nos Marchands de l'eau : c'est comme tels qu'on les voit, en 1200, traiter avec leurs confrères de Rouen[1]; solliciter, en 1204, de Philippe-Auguste, une charte portant confirmation de l'accord fait entre les «Mercatores aque Parisius» et les commerçants français et bourguignons, touchant les limites du privilége de la Hanse et de la compagnie française. C'est en cette qualité qu'ils obtiennent des doyen et chapitre de Sens des lettres portant engagement par ces derniers de ne rien faire ou construire qui puisse entraver la navigation de l'Yonne (1213); qu'ils se font céder, par l'évêque et le chapitre d'Auxerre, des terrains situés sur les bords de la même rivière et nécessaires à l'exercice de leur commerce (1222), et qu'ils font rendre, par le Parlement, un arrêt maintenant, contre les bourgeois de Rouen, les priviléges de la Marchandise de l'eau de Paris (1258). Mais c'est comme magistrats municipaux qu'ils obtiennent de Philippe-Auguste, — le souverain qui leur confie son fils, en partant pour la croisade, — des lettres octroyant aux représentants de la Ville et de la Marchandise certains droits de navigation, gradués de deux à dix sous, pour établir à Paris un port de chargement et de déchargement, «propter portum faciendum Pari- «sius ad opus navium» (1213); qu'ils reçoivent du même souverain con- cession perpétuelle du droit de *crierie*, du droit de règlement des mesures, prérogative essentiellement municipale, quand elle n'est pas régalienne, et qu'ils se voient investis du droit de basse justice, la haute étant réservée au Roi : «Concedimus crierias in perpetuum tenendas... Mercatores pote- «runt clamatores ponere et amovere pro voluntate sua, et mensuras ponent... «Magna justitia nobis remanet; alia autem parva justitia erit Mercatorum[2]» (1220).

Pendant le xii° siècle, et dans la première moitié du xiii°, il n'est question que des Bourgeois et des Marchands, pris collectivement. Vers 1260, appa- raissent pour la première fois des traces d'une hiérarchie plus municipale que bourgeoise et marchande, et ces traces se rencontrent dans un acte con- sidérable, émané d'une autorité rivale; nous voulons parler des *Establissemens des mestiers de Paris*. «Nus ne puet estre jaugeeur a Paris, dit le Recueil «d'Estienne Boileau, se il ne l'a empetré du Prevost et des jurez de la con-

---

[1] Dans cette charte, que cite deux fois M. Le Roux de Lincy, et dont il reproduit inexactement les signatures, puisqu'il sépare les noms des pré- noms, on voit déjà paraître les principaux repré- sentants des grandes familles bourgeoises et mar- chandes, qui étaient depuis longtemps, sans doute, à la tête des affaires municipales, les Popin, les Bourdon et autres.

[2] *Preuves de la Dissertation de Le Roy*, p. xcviii et cxix.

«flaerie des marcheanz de Paris. Quiconque est jaugeeur, il doit jurer par
«devant le Prevost devant dit que il le mestier de jaugerie fera bien et loyau-
«ment en son pooir.» Pareille prescription relative aux mesureurs de blé :
«Nu ne puet estre mesureur de blé, ne de nule autre maniere de grain...
«se il n'a le congié du Prevost des Marcheanz et des jurez de la Conflarie.»
Enfin, lorsque les étalons royaux eurent été tirés de la chapelle Saint-Leu-
froi et mis dans le Parloir aux Bourgeois, sous la garde de l'Échevinage, le
Prévôt de Paris put enjoindre ce qui suit à tout jaugeur et mesureur : «Se il
«a mesure, et elle n'est point seingnée, il la doit porter el Parlouer aus Bor-
«gois, et il leusques doibt estre joustée et seingnée [1].»

Le Prévôt d'une confrérie marchande nommant des jaugeurs, réglant des
mesures, gardant «le poids le Roy,» et recevant, par délégation royale, le
serment des gens en charge, qu'est-ce autre chose, dit le contrôleur Le Roy,
que le chef d'une véritable municipalité? Et comme tout était alors à l'image
de l'autorité royale, n'est-il pas évident que le Prévôt des Marchands, chef
élu cependant, dut attirer insensiblement à lui le pouvoir collectif, et ré-
duire peu à peu les Échevins, d'abord ses égaux, au rôle d'assesseurs?
C'est ainsi, en effet, que nous voyons leurs noms figurer dans les sentences
rendues par le Prévôt, comme nous lisons ceux des officiers de la maison
du Roi, les véritables ministres de l'époque, au bas des chartes rendues
en faveur de la Marchandise [2].

Le pouvoir collectif des Marchands de l'eau, curateurs et défenseurs de
la cité, paraît s'être maintenu jusqu'au XIIe siècle; le pouvoir individuel du
Prévôt des Marchands, avec l'assistance plus ou moins obligée des Échevins,
commence à se montrer vers le milieu du XIIIe siècle, et c'est en 1263 seulement que l'on trouve des noms propres au bas d'un acte de la Marchandise.
Cette pièce, signée du Prévôt Évreux de Valenciennes et de ses quatre assesseurs, est une convention entre la grande Confrérie de Notre-Dame et la
Marchandise de l'eau; elle stipule des remises de rente, des charges et des

---

[1] *Le Livre des Métiers*, édit. Depping, première partie, titres IV et VI. Une nouvelle et plus
complète édition de ce curieux document sera pu-
bliée incessamment par le Service historique de la
Ville de Paris.

[2] La charte de Louis le Gros (1121) porte les
noms et les sceaux de *Stephanus, dapifer* (sénéchal),
de *Gilebertus, buticularius* (bouteiller), de *Hugo*,

constabularius (connétable), de *Guido, camerarius*
(chambrier), et de *Stephanus, cancellarius* (chan-
celier). Celle de Louis le Jeune (1141) porte les
noms et les sceaux des mêmes officiers; les personnes seules ont changé. Les sentences du Parloir donnent les noms des magistrats municipaux,
bourgeois et bonnes gens qui assistaient à la délibération.

décharges réciproques, et constitue, au premier chef, un acte d'administration municipale. Le Roy, Félibien et De Lamare ne semblent point l'avoir soupçonnée; pour eux, le Prévôt le plus anciennement connu est Jehan Augier, dont le nom n'apparaît qu'en 1268. C'est donc un intervalle de cinq ans gagné par l'érudition moderne, sans préjudice de ce que peut produire ultérieurement une recherche heureuse.

Il serait bien téméraire, en effet, d'affirmer qu'aucune personnalité ne précède celle d'Évreux de Valenciennes. Tout porte à croire, au contraire, que la Corporation marchande, hiérarchiquement constituée, comme les confréries, vivant au milieu d'un monde féodal régulièrement organisé, sentit de bonne heure la nécessité de se donner un chef; et, d'autre part, il semble que ce chef, malgré la courte durée de son pouvoir, dut, par une pente naturelle, surtout lorsqu'il était plusieurs fois réélu, travailler à substituer insensiblement son pouvoir personnel et responsable au pouvoir essentiellement parlementaire et irresponsable du Parloir aux Bourgeois. Mais, jusqu'à ce que de nouvelles découvertes permettent de reculer de quelques années peut-être la liste prévôtale, le premier nom qu'on y puisse inscrire est celui d'Évreux de Valenciennes.

Son successeur, Jehan Augier, siégeant au Parloir avec «Cochin, Martin «Poitevin, Jehan Popin, de Chastiau Festu, celi (probablement un autre «Popin) du Porche, Robert le Coutier, Robert la Guiete, Symon l'Aumosnier, «mestre Thierri cler aus marchaanz et les mesureurs Alart,» confisque, sur Denise de Bardouille, deux «batiaus nués, qu'il amenoit sans compaignon «hansé de Paris.» Cet acte, le plus ancien de ceux que l'on rencontre dans le livre des Sentences du Parloir, se rattache aux priviléges d'un chef de corporation, beaucoup plus qu'à l'exercice du pouvoir municipal proprement dit.

Le successeur de Jehan Augier, Guillaume Pisdoé, qu'on retrouve ensuite simple Échevin comme lui, et qui reparaît plus tard, comme Prévôt des Marchands, est à peine mentionné dans les pièces de cette époque; mais Guillaume Bourdon, qui lui succède, et qui appartient à l'illustre famille dont le nom est resté à l'une des rues de Paris[1], traite, comme chef de l'Échevinage parisien, avec les Jacobins ou Frères Prêcheurs de la rue

---

[1] La rue des Bourdonnais portait, à la fin du xiiie siècle, les noms de *sires Adam et Guillaume Bourdon*, notables bourgeois qui avaient là leur demeure. C'est ce qui explique la dénomination plurielle qu'on lui donnait déjà au commencement du xive siècle, ainsi que le constate Guillebert de Metz. (Voyez *Paris et ses historiens*, par MM. Le Roux de Lincy et L.-M. Tisserand, p. 203.)

Saint-Jacques. Il leur vend et amortit « droitz de seigneurie, de franchise, pro-
« priété, saisine, cens, fonds de terre, crois de cens, » etc., sur plusieurs
maisons et places étant en la censive et seigneurie de la Ville (1281). Huit
ans plus tard, l'un des Échevins, assesseurs de Guillaume Bourdon, Jehan
Arrode, prend place à son tour sur le siége prévôtal, et, après avoir recueilli
le « tesmoingnage des bones genz, » déclare les Talemeliers quittes et exempts
de l'impôt, ou coutume, établi sur le blé arrivant par eau; ce qui est un
acte essentiellement municipal, destiné à faire baisser le prix du pain. Peu
de temps après, le même Prévôt prononce une sentence de confiscation sur
« vingt tonniaus de vin, que Renuche Espinel avoit achapté ou port de Greve,
« en l'iaue, de ung marcheant de Pont suz Yonne, por ce que le devant dit
« Renuche les avoit descenduz sur terre et mis en ung cellier assis en la Cité,
« en la rue aux Fèves, » au lieu de les vendre directement sur le port, ou
étape au vin; nouvelle mesure de police municipale, qu'autorisait la législa-
tion du temps (1291).

C'est dans le même ordre d'idées que se place l'ordonnance rendue en
1293, dans le cours de sa seconde Prévôté, par Jehan Popin[1], prédécesseur
et successeur de Jehan Arrode, pour régler le service et la survivance des
« henouars, » ou porteurs de poisson : « Quant aucun des henouars seront
« cheuz en vellesse ou maladie, que ne porra son pain gaannier a lever ha-
« renc... porra mectre, en lieu de li, personne souffisant qui fera le service
« du harenc, tant come le henouar vivra seulement; et le henouar mort, cil
« qui aura esté por li ne porra plus fere le service; aincois les Prevost et
« Eschevins mectront tel come il leur plera. » L'approvisionnement, avec
toutes ses nécessités administratives, c'est-à-dire le service des ports, des
halles et des marchés, divisé plus ou moins également entre les deux Prévôtés, paraît donc constituer, vers la fin du XIIIe siècle, l'une des prérogatives
les plus importantes du Parloir aux Bourgeois, et c'était alors, comme aujourd'hui, une attribution essentiellement municipale.

A côté de ce soin, qui occupe toujours le premier rang dans la solliciꞏ
tude des Prévôts, se placent, dès 1293, des droits et des devoirs d'une autre
nature. De concert avec son collègue le Prévôt royal, Guillaume de Hangest,
Jehan Popin règle les vacations des jurés maçons et charpentiers de Paris,

---

[1] Le nom des Popin est resté longtemps attaché à l'une des arches, ou caignards, de la Vallée
de Misère, et il y a lieu de supposer que la maison
de campagne, ou folie, de cette opulente famille,
était située dans l'ancienne banlieue suburbaine,
qui porte aujourd'hui le nom de Popincourt.

comme le ferait, de nos jours, un conseil de prud'hommes, ou une commission municipale chargée d'établir la *série des prix*. La même année, siégeant au Parloir, avec ses Échevins seuls, il décide, arbitralement et comme amiable compositeur, sur plusieurs articles de la coutume de Paris, et les sentences rendues par lui fixent le droit sur les points controversés, ainsi que le fait remarquer René Chopin, dans son livre *De Moribus Parisiorum*.

La savante dissertation de Le Roy met cette prérogative municipale en pleine lumière : «C'étoit souvent, dit-il, par voie de consultation ou d'ar-
«bitrage, que les Prévost et Eschevins étoient saisis de certains différends;
«d'autres fois c'étoit comme chargés par le Prévost de Paris de dire leur avis
«par forme de rapport, dans des affaires importantes et embarassées...
«Lorsqu'ils avoient à prononcer sur des affaires importantes, ils appeloient
«au Parloir *molt grant planté de Borgois de Paris, des plus saiges et des plus
«anciens, qui sçavoient les coustumes de la Ville*[1].» Chopin désigne cette assemblée de Bourgeois jurisconsultes sous le nom de «honorarius civium
«conventus,» et Le Roy, qui les trouve qualifiés partout de «prudentes Bur-
«genses,» croit que la coutume de Paris a dû «prendre naissance dans le
«siége municipal[2].»

La seconde prévôté de Guillaume Bourdon, qui n'avait pas quitté le conseil de la Ville, et dont l'expérience municipale était grande, paraît avoir été féconde en bons résultats. On le voit, en 1296, accompagné de ses confrères, Guillaume Pisdoé, qui avait été Prévôt; Étienne Barbette, qui allait le devenir; Adam Paon, Thomas de Sainct-Benoast et «aultres bones genz
«de Paris,» s'occuper des chaussées et du pavé de la Ville, déjà réglé par lettres patentes de 1285[2]; nommer des inspecteurs du pavage, «por
«prendre garde que ceuz qui ferunt les chauciées facent bones jornées et
«souffisanz;» régulariser les aumônes que le Parloir avait coutume d'accorder aux veuves et enfants de ses anciens serviteurs; organiser, sous le nom de
«preudomes qui seront tenuz a venir ou Parlouer ou mandement du Prevost
«et des Eschevins,» un véritable conseil municipal de vingt-quatre membres, et constituer une sorte de police permanente, en «ordenant derechief que li
«serjant demoure continuellment à Paris, por fere son service.»

Cependant, tout en faisant de l'édilité, dans le sens le plus large de ce mot, les Marchands de l'eau, constitués en corps municipal, n'oublient pas leurs priviléges commerciaux. C'est ainsi que nous les voyons, en 1293,

---

[1] *Dissertation de Le Roy*, p. LXV. — [2] *Preuves de la Dissertation de Le Roy*, p. CIV.

«rapeler Jehan Renart d'Argenteuil en la Conflarie,» c'est-à-dire lui rendre les priviléges de la corporation, dont il avait été déchu pour quelque méfait sans doute; en 1297, «juger à forfaitz,» c'est-à-dire confisquer «dix-sept «tonniaus de vin de Bourgongne, avalez au dessous du pont de Paris por «mener a Roan,» et exclure de la Marchandise deux confrères, Foulques et Jacques Moriau, «por ce que il avoient fet fauce anserie» (parce qu'ils avaient violé les règlements de la hanse); en 1298, adresser des remontrances au Roi, en son conseil, contre un arrêt du Parlement, qui avait donné à l'abbé de Saint-Germain d'Auxerre mainlevée de vins déchargés à Paris, aux mépris des priviléges de la Marchandise; en 1301, confisquer la quantité considérable de soixante-huit tonneaux de vin, «achapté à Paris par «Ernoul de Gand, borgois de Paris, et mis en l'iaue au Louvre sans compai- «gnie de borgois de Paris hansé.» C'est toujours la même infraction implacablement frappée de la même peine[1].

Cependant, soit que la Marchandise comprenne qu'il faut adoucir la rigueur de ses pénalités, soit que les sergents ferment les yeux sur la fraude, soit enfin que nul ne soit tenté de violer des droits si bien défendus, on ne rencontre plus guère, à partir du xiv° siècle, de nouvelles sévérités de ce genre. L'élément marchand tend peu à peu à s'effacer, et l'élément municipal se développe dans la même proportion. Le Prévôt, les Échevins, les «preudomes» et les «bones genz» se réunissent beaucoup plus souvent pour les affaires de la Ville que pour celles de la Marchandise. Ainsi, dès 1292, ils arrêtent l'état des revenus du Parloir, c'est-à-dire qu'ils établissent leur budget, en cens et rentes sur les particuliers, sur le clergé séculier et régulier, sur les seigneurs et le Roi. La pièce que M. Le Roux de Lincy a imprimée dans la seconde partie de son *Histoire de l'Hôtel de Ville*, est un véritable sommier de propriétés municipales. En 1293, ils nomment des mesureurs de bûches, des mesureurs de sel, des «corratiers» de vin et des porteurs de charbon; ils s'entendent avec «li fontonnier à la Ville» pour entretenir «li tuiaus de plonc et d'estain, sans massonnerie, de la grant cuve «au desus du presouer de Ruel jusque a Sainct Innocent,» et demandent «pleiges» (cautions) pour la mise en état des «chauciées.» En 1295, ils afferment l'entretien des rues; en 1296, ils nomment à divers offices inférieurs et élisent un Prévôt, en remplacement de Jehan Popin décédé. En 1297,

---

[1] Le *Livre des Sentences du Parloir aux Bourgeois*, publié par M. Le Roux de Lincy, dans son *Histoire de l'Hôtel de Ville*, enregistre un certain nombre de ces arrêts de confiscation. Nous n'avons relevé que ceux dans lesquels il est fait mention du nom du Prévôt et des Échevins.

ils réorganisent le service des jurés-crieurs et louent divers immeubles communaux. En 1298, ils soumettent à l'arbitrage du Prévôt de Paris la répartition d'un don de cent mille livres fait au Roi par les habitants, et demandent que les Templiers, dont on vantait alors le luxe et la richesse, prennent leur part de cette charge.

En cette même année, Étienne Barbette, « maistre de la monnoie, » dont le nom demeure, comme celui des Bourdon, attaché à l'une des vieilles rues de Paris[1], et qui, par une longue pratique des choses municipales, avait acquis beaucoup d'expérience comme Échevin, avant de devenir Prévôt lui-même, prend une série de mesures attestant toute l'importance des fonctions qu'il exerce. On le voit résister aux prétentions des sergents à cheval du Châtelet, qui voulaient s'arroger des priviléges contraires à ceux de la Prévôté bourgeoise, nommer des mesureurs de sel, de charbon, de bûches, et modérer leurs droits de réception pour l'avenir, créer des bourses d'aumônes, donner dispense de certaines obligations de la Marchandise, recevoir des loyers, cens et rentes, et présider aux grandes opérations financières, qui consistaient, l'une, à payer au roi Philippe le Bel, pour être dispensé de l'accompagner à la guerre, le cinquantième de la valeur de tous les biens possédés par les Parisiens, « quinquagesimale subsidium omnium suorum « quorumcumque bonorum; » l'autre, à répartir entre les habitants, par l'intermédiaire des prud'hommes de chaque métier, une taille de cent mille livres. Dans les intervalles que lui laisse l'exercice de ses fonctions municipales, il trouve encore le temps de siéger au Parloir, tantôt comme « arbitral « et amiable compositeur, » pour interpréter la coutume de Paris, tantôt comme chef de la Confrérie marchande, pour prononcer des confiscations contre les infracteurs de ses priviléges.

Guillaume Pisdoé lui succède en 1304, et remonte sur le siége prévôtal au bout de huit ans, à peu près comme nos modernes présidents de tribunaux de commerce quittent et reprennent les fonctions consulaires à l'expiration des délais légaux. Sa gestion, partagée, comme celle de ses prédécesseurs, entre le soin de la Marchandise et le gouvernement des choses municipales, semble incliner davantage de ce dernier côté. On le voit bien confisquer sur Foulques le Harengier, de Rouen, « quatre cenz de mo- « rues et ung tonnel d'anoncelles, » amenés à Paris sans compagnon hansé,

---

[1] La rue Barbette, de sanglante mémoire, a été ouverte sur l'emplacement de l'hôtel et de la courtille de ce nom. Le nom du Prévôt a été donné en outre, pendant un certain temps, à la rue Vieille-du-Temple, ainsi qu'à la porte, ou poterne, pratiquée dans la muraille de Philippe-Auguste.

délit qui se renouvelle encore de loin en loin et est toujours puni de la même peine; mais l'administration urbaine, proprement dite, a plus de part à sa sollicitude. Dans la seule année 1305, il nomme des hénouards, des courtiers de vin, des mesureurs de sel et de charbon, fait élire des répartiteurs pour la taille et des inspecteurs de la boulangerie, «qui se prenront «garde, por le comun de Paris, que li Talemeliers facent pain convenable,» adjuge aux enchères, pour deux ans, la coutume de Paris, c'est-à-dire le fermage des droits à percevoir «por seize livres parisis a cenz livres d'an-«chiere,» et reçoit «a procureur por la Marchandise et por la Ville messire «Rogier Pastorel, clerc,» c'est-à-dire qu'il admet au Parloir un jurisconsulte, nommé par le Roi, pour défendre les intérêts de la Ville et de la Couronne. Ce magistrat, dont les fonctions se sont perpétuées jusqu'en 1789, portait le titre de procureur du Roi et de la Ville. De son côté, l'un des Échevins de Guillaume Pisdoé, qui avait déjà été Prévôt et qui allait bientôt le redevenir, Étienne Barbette, règle, en qualité de voyer de Paris, la manière dont le loyer des maisons doit être acquitté. C'est ce que nous apprennent, à défaut de document authentique, les chroniques de Guillaume de Nangis[1].

«En étudiant plusieurs passages du Livre des Sentences, dit M. Le Roux «de Lincy, on s'aperçoit que les membres du Parloir aux Bourgeois étaient «chargés de régler aussi les questions de mitoyenneté et celles qui s'éle-«vaient entre les propriétaires et leurs locataires, en même temps qu'ils «veillaient à la sûreté des habitants, en faisant visiter par des experts les «constructions nouvelles et anciennes. A la fin du XIIIe siècle, l'un des Éche-«vins exerçait les fonctions de voyer de la capitale, et, vers 1306, le peuple «détruisit la maison d'Étienne Barbette, parce que, en la même qualité, ce «dernier avait fait décider, par les membres du Parloir, que la nouvelle «monnaie n'aurait cours, dans le payement des loyers, qu'autant qu'elle se-«rait prise pour sa valeur intrinsèque... La jurisprudence, encore observée «de nos jours, au sujet des locations, fut réglée par les membres du Parloir «aux Bourgeois, dans une séance de l'année 1304. Il est dit que celui qui «veut donner congé, soit d'une maison, soit d'un moulin, est tenu d'en pré-«venir un terme auparavant, en ayant soin de payer tout ce qu'il doit d'ar-«rérage. A la fin de cette déclaration, à laquelle assistaient les membres les «plus influents du Parloir, il est dit que cette coutume est connue depuis «si longtemps, que mémoire d'homme n'a pas souvenir du contraire[2].»

[1] *Chroniques de Guillaume de Nangis*, t. III, p. 355.

[2] *L'Hôtel de Ville de Paris*, 1re partie, p. 36, édit. in-folio.

INTRODUCTION.

De 1306 à 1312, les listes des Prévôts ne présentent pas de nom autre que celui de Guillaume Pisdoé, et c'est à l'administration de ce magistrat, ou à celle d'un successeur anonyme, qu'il faut rattacher, en 1306, la nomination d'un sergent de la Marchandise, la désignation des commissaires chargés de percevoir la subvention accordée au Roi pour l'armée de Flandre. On peut lui attribuer aussi, en 1307, la nomination d'un «atendant mesureur de sel» (surnuméraire); en 1308, l'élection des répartiteurs chargés d'asseoir la taille de dix mille livres parisis «por ma dame Ysabiau, ainsnée «fille le Roy, mariée au roy d'Engleterre,» et la réception d'un bourgeois de Paris, sorte de naturalisation parisienne, fort intéressante au point de vue de l'ancien droit municipal.

En 1312, reparaît le Prévôt Étienne Barbette. Il avait peu ou point quitté le Parloir depuis la Prévôté de Jehan Popin, et rentrait en charge avec vingt ans d'expérience administrative. En sa qualité de maître des monnaies, ce magistrat s'occupe spécialement des finances municipales; il adjuge le chantelage des terres de la Marchandise (droit sur la revente du vin à Paris) pour sept livres parisis par an, et la coutume de blé et d'avoine «por cinquante «solz parisis a diz solz d'anchiere;» il cherche enfin à répartir le plus équitablement possible la taille de 1313, en faisant procéder à l'élection de dix-sept «preudomes qui feront l'asise à Paris des diz mil livres parisis por la «chevalerie mon seigneur Looys, roy de Navarre, ainsné fuilz nostre sire le «Roy de France [1].»

L'assiette de ces sortes d'impôts extraordinaires était assez difficile à établir, à cause des nombreuses immunités dont se prévalaient non-seulement le clergé et la noblesse, mais encore les habitants des lieux privilégiés, qui prétendaient participer aux exemptions de clergé, par le seul fait de leur habitation dans les enclos ou sur le sol appartenant à l'église, et obtenaient le plus souvent gain de cause. C'est ce qui advint à Étienne Barbette, lequel avait voulu contraindre les Parisiens habitant en la censive de Saint-Éloi à fournir leur part contributive : «gagiari fecisset hospites habitantes in terra «Sancti Eligii Parisiensis,» dit l'arrêt qui fut rendu au Parlement de la Saint-Martin d'hiver en 1313, et qui déclara lesdits habitants, ainsi que leurs enfants, exempts de toute charge de ce genre : «Immunes ab hujus et simili «prestacione quacunque [2].» Cette décision dut embarrasser beaucoup le Prévôt et les Échevins, car, aux termes d'une bulle d'Innocent II, de l'année

---

[1] Voir dans les *Preuves* de Félibien, t. III, p. 618, la «queullete qui fust faicte par les rues de Paris» à cette occasion. — [2] *Preuves de la Dissertation de Le Roy*, p. cxiv.

1136, le territoire de Saint-Éloi comprenait les paroisses de Saint-Martial, de Saint-Pierre-des-Arsis, de Sainte-Croix et de Saint-Pierre-aux-Bœufs, en la Cité, ainsi que la Grange, sise en la paroisse Saint-Paul[1]. Les répartiteurs furent sans doute obligés de recommencer leurs opérations, et de surcharger les Parisiens qui n'avaient aucun privilége à invoquer : nouvelle et décisive preuve de ce vieil axiome de droit public : Le clergé doit à l'État ses prières, la noblesse son sang, la bourgeoisie son argent, et le peuple toutes les prestations en nature.

En cette même année, sur les injonctions répétées du roi Philippe le Bel, Étienne Barbette fit construire un quai le long de la rive gauche de la Seine, entre l'hôtel de Nesle et la maison de l'évêque de Chartres, c'est-à-dire entre le palais actuel de l'Institut et la rue Gît-le-Cœur (Gilles Le Queux), partie qui répond aux quais Conti et des Grands-Augustins. On sait, en effet, quelle dépression offre ce terrain, et combien il était exposé aux inondations avant la construction d'un mur de quai. Plusieurs historiens de Paris estiment même que les tempêtes et les naufrages dont parle Grégoire de Tours ont eu lieu sur ce sol bas, déversoir ordinaire du fleuve au moment des grandes eaux. Étienne Barbette et ses prédécesseurs paraissent avoir fait assez longtemps la sourde oreille, si l'on en juge par les termes dont se sert le Roi pour leur enjoindre de commencer immédiatement ce travail : « Non semel, sed pluries dederemus nostris aliis literis in mandatis, « ut ibi, ab una domo usque ad aliam, cayum sic faceres indilate. Tu nichi- « lominus mandata negligens et contempnens... facere non curasti[2]. » Il fallut donc s'exécuter.

On ne trouve plus d'autre trace de l'administration d'Étienne Barbette, si ce n'est peut-être les nominations de mesureurs de sel que M. Le Roux de Lincy place en l'année 1316, et dans lesquelles figure le cuisinier même du Prévôt, « Perret, le queu sire Estienne Barbete. » Est-ce un acte de favoritisme? Y avait-il, chez le cuisinier en question, l'étoffe d'un bon officier subalterne? Il est fort difficile de répondre à cette double question.

L'année précédente, le roi Louis le Hutin, par lettres patentes du mois de juillet, avait encore demandé une aide en hommes et en argent, pour la guerre de Flandre, à ses bonnes gens de Paris, « lesquiex ont toujours vou- « lentiers et de cœur, bien et loyaument, servi et aydé nos antécesseurs. » Éclairé sans doute par les difficultés que l'Échevinage parisien avait éprou-

---

[1] Félibien, *Preuves et pièces justificatives*, t. I, p. 22. — [2] *Preuves de la Dissertation de Le Roy*, p. CXIII.

vées dans l'assiette de la taille précédente, le Roi veut que « toux les bour-
« gois, marcheanz et non marcheanz, habitant en la ville et faubourcs de
« Paris, qui se dient francs ou demourans en terres franches de ladicte ville,
« soient tenuz à contribuer, avec lesdictes genz de ladicte ville, selon la valeur
« et la faculté d'iceulx. » Et, pour donner à la répartition de cet impôt un
caractère exclusivement municipal, il ordonne « que tout l'argent qui sera
« levé desdictes impositions, ou assiettes, soit prins et reçeu par la main des
« genz de ladicte ville, et païé par leur main et en leur nom, ou par leurs
« députez à ce fere, ausdicts soudoyers. » Enfin, désireux de faire montre des
couleurs de la Ville, plus encore que de son argent, le Roi prescrit que
« lesdicts soudoyers ayent à porter tousjours quant à eulx deus banieres,
« c'est assavoir ceulx de cheval une, et cil de pied autre telle, que les genz de
« Paris leur bailleront, *ou signe de la Ville* [1]. »

Les règnes de Louis X, de Charles le Bel et de Philippe VI de Valois, cons-
tituent l'une des époques les plus obscures de notre histoire parisienne. La
succession au trône jette l'émoi dans le pays; la guerre de Cent ans, qui
va succéder aux guerres de Flandre, occupe tous les esprits et absorbe
toutes les ressources. Ce n'est pas que la vie municipale soit éteinte; mais
elle est étouffée, d'abord par les dissensions politiques, puis par le fracas des
armes. Les Bourgeois de Paris, qui voient venir l'orage et qui en subissent
toujours le contre-coup, se font, d'ailleurs, aussi petits, aussi modestes,
aussi pauvres que possible, pour échapper aux réquisitions et aux tailles. Ils
ne cherchent point à accroître leur pouvoir, dans la crainte d'augmenter
leurs charges et leur responsabilité. Aussi relève-t-on, dans les grands re-
cueils, fort peu d'actes se rapportant aux deux Prévôtés de Jehan Gencien et
de Hugues Le Cocq, les seules qui nous séparent de la prévôté d'Étienne
Marcel.

En 1324, c'est-à-dire en pleine controverse sur le pouvoir temporel, entre
la Cour d'Avignon, les Fratricelles et les docteurs gallicans de l'Université,
au moment où Jean de Jandun, le *descripteur*, vient de publier son *Traité
des Louanges de Paris*, l'Échevinage parisien, tenu fort en dehors des que-
relles doctrinales, cherche à se faire peu à peu une situation indépendante,
à l'abri des entreprises de l'Université, du haut clergé et des officiers de la
Couronne. Il obtient du roi Charles le Bel que les causes municipales,

---

[1] Pièce imprimée par Félibien dans le tome Ier de ses *Preuves*, p. 236.

c'est-à-dire les procès relatifs aux priviléges de la Marchandise et aux intérêts de la Ville, ne puissent être portées que devant le Parlement assemblé, ou devant les présidents commis par l'autorité royale pour rendre la justice, à Paris, dans l'intervalle des sessions[1]. Cette concession importante, faite, selon toute probabilité, au Prévôt Jehan Gencien, en souvenir de l'héroïque dévouement de cette famille, dont les membres ne quittaient pas l'Échevinage depuis vingt ans, eut pour résultat de placer, à Paris, la Bourgeoisie municipale sur le même pied que la noblesse. Elle en avait, d'ailleurs, la fortune et les sentiments.

C'est ainsi qu'en jugeait, en 1336, la reine Jeanne, régente du royaume, en l'absence de Philippe de Valois, lorsqu'elle délivrait au Prévôt des Marchands et aux Échevins des lettres patentes portant rachat et amortissement des droits seigneuriaux de certains héritages qui étaient tenus en fief, et que la Ville avait acquis pour faciliter l'approvisionnement de Paris. La Ville n'était-elle point elle-même une véritable seigneurie, et l'Échevinage une réelle juridiction?

Mais la bonne ville de Paris était surtout le premier contribuable du Royaume, et les Rois le savaient bien. «Dès l'an 1339, dit Félibien, les «habitants lui firent offre de huit cens hommes à cheval, entretenus pour «quarante jours, à raison de six sous parisis chacun, en cas que lui, ou le «duc de Normandie, son fils, allassent en personne à l'armée. Le Roy «accepta l'offre, et voulut que tous les habitants contribuassent à la solde «de ces huit cens hommes, mesme ceux qui demeuroient dans la juridiction «des chapitres, des abbayes, des monastères, des colléges, des hospitaux, en «un mot tous exemts et non exemts, à la réserve de quelques solitaires, ou «convers, *beaumarchois*, et autres, de la taxe desquels il se chargea.» Les immunités ecclésiastiques ne furent, en cette circonstance, respectées ni pour le fond, ni pour la forme, car le clergé dut non-seulement payer, mais encore verser dans les mains des officiers municipaux. «Il régla, ajoute «Félibien, que l'imposition se feroit sur les sujets d'église, par les Bourgeois «de la Ville[2].»

En ces temps calamiteux, les taxes de guerre étaient continuelles, et Jehan Gencien, ainsi que son successeur Hugues Le Cocq, se vit obligé de faire des appels beaucoup trop fréquents au patriotisme des Parisiens. En 1343, c'est-à-dire à l'expiration de la trêve qui suivit la funeste bataille

---

[1] Sur ce droit de *Committimus*, voir Félibien, t. I, liv. XI, p. 560, et les sources qu'il indique.

[2] *Histoire de la Ville de Paris*, t. I, liv. XII, p. 594.

INTRODUCTION.

de l'Écluse, Philippe VI demanda de nouveaux subsides en soldats et en argent. La Ville offrit cinq cents hommes d'armes à cheval, et demanda, en échange, l'octroi d'une aide extraordinaire sur le vin et les grains, jusqu'à concurrence de la somme nécessaire, pour solder cette gendarmerie pendant six mois. Le Roi se rendit au vœu de ses fidèles Bourgeois, et, par lettres patentes du 6 octobre de cette année, il leur permit de s'imposer.

Les Parisiens, il faut le dire, ne se lassaient pas plus de payer que le Roi de guerroyer et de se faire battre. Après la fatale journée de Crécy, en 1346, et la prise de Calais, en 1347, ils accordèrent au souverain malheureux jusqu'à quinze cents chevaux, dont ils prenaient, pour six mois, l'entretien à leur charge. Ce n'est pas tout : répondant avec un patriotique empressement à l'appel du monarque vaincu, ils se hâtèrent de réparer, à leurs frais, les brèches existant dans l'enceinte de Philippe-Auguste, et de fortifier les portes de la Ville, affirmant ainsi l'un des droits et des devoirs municipaux les plus constants, celui de la défense nationale.

Deux ans après, nouveaux désastres; nouveaux sacrifices consentis par la population parisienne, pour fournir au Roi les hommes et l'argent qui lui manquent. Le Prévôt Hugues Le Cocq, conseiller au Parlement, le premier magistrat qui ait été placé à la tête des affaires municipales, ne se montre pas moins généreux que les marchands auxquels il succède[1]. Il s'entend avec le Roi pour la levée de diverses impositions extraordinaires sur toutes les denrées et marchandises vendues, pendant un an, à Paris et dans les faubourgs, «tant sur le vin françois que sur les vins étrangers et «autres boissons, sur les bleds et toutes sortes de grains, sur le poisson frais «et salé, sur toutes sortes d'épiceries, sur le bestial gros et menu, sur les «chevaux, sur les draps et la pelleterie, enfin sur l'or et l'argent employé «par les orfévres, ou porté au change ou à la monnoie[2].»

Dans l'assiette de ces impôts écrasants, il devait se glisser nécessairement quelques erreurs, malgré le soin avec lequel les commissaires répartiteurs élus par les Métiers, sous le contrôle du Prévôt et des Échevins, procédaient à cette longue et délicate opération. Lorsque des réclamations se produi-

---

[1] La famille Le Cocq comptait depuis longtemps parmi les plus riches et les plus considérables de Paris. C'est à elle qu'appartenaient les domaines et château du Coq, situés aux Porcherons, et dont les derniers vestiges ont disparu de nos jours. Une impasse, ouverte sur les terrains de ce domaine et débouchant rue Saint-Lazare, conserve encore aujourd'hui ce nom historique. Les deux anciennes rues du Coq, qui ont perdu depuis cette dénomination, la devaient peut-être à la même famille.

[2] Félibien, *Histoire de la Ville de Paris*, t. Ier, liv. XII, p. 603.

saient, les magistrats municipaux s'assemblaient, instruisaient l'affaire et rendaient de véritables ordonnances de dégrèvement. Le 13 juin 1350, sous la Prévôté de Hugues Le Cocq, qui avait peut-être importé au Parloir les habitudes judiciaires du Parlement, Bernard Cocatrix, bourgeois de Paris, appartenant à une ancienne famille qui avait fief en la Cité, vint représenter au Prévôt et aux Échevins siégeant alors « en l'ostel des religieux de Sainte « Croix, en la Bretonnerie, » qu'il avait été imposé à quatre-vingt-dix-huit livres parisis pour les tailles de 1338, 1339 et 1340; qu'on lui avait réclamé de nouveau huit livres parisis pour cette dernière taille, et quarante livres parisis pour la taille de 1347, et que «il ne deust mie avoir esté imposé a « si grant somes, come l'en l'a mis, selon ses facultées. » La petite Cour municipale en délibéra, reconnut que le réclamant avait été «a trop taillé « selon son estat, » et lui fit remise des taxes dont on l'avait indûment surchargé[1].

Ce droit, dont le Prévôt et les Échevins étaient investis, et qui rappelle le droit de modération dont usent aujourd'hui les Préfets, comme représentants de l'État, leur avait été régulièrement concédé par l'autorité royale. A défaut de témoignages plus anciens, qu'il ne serait sans doute pas difficile de recueillir en feuilletant la collection des Ordonnances royales, on peut citer les lettres du roi Jean, datées du 3 mai 1351 et relatives à la levée d'une nouvelle aide. « Voulons et nous plest, dit le monarque, que se il ave- « noit que auxcuns debas ou discension feussent entre les collecteurs de- « putez a lever ladicte imposicion et les bones genz de notre dicte ville, por « cause de la dicte imposicion, que les Prevost des marchanz et Eschevinz « dessusdiz en puissent ordener, et ayent la court et la congnoissance. »

Il est bien évident que, à côté du droit concédé, le Roi fait certaines avances et donne certaines garanties à ses pauvres bourgeois écrasés d'impôts. Il dit notamment, dans le même acte : « Voulons que ceste ayde et « octroy ne porte ou puist porter, ou temps a venir, aucun prejudice a eulx, « aus mestiers de ladicte ville, ne a leur privilleges, libertez et franchises[2]. »

Les pièces recueillies par Le Roy et Félibien ne nous font pas connaître d'autres cas de dégrèvement; mais il est certain que les demandes en modération d'impôt, succédant aux demandes en exemption, devinrent extrêmement nombreuses, et que l'Échevinage dut rechercher les moyens de combler un déficit qui allait chaque jour croissant. Nous en trouvons la

---

[1] *Preuves de la Dissertation de Le Roy*, p. cxv. — [2] Recueil d'Isambert, Decrusy et Bertrand, t. IV.

INTRODUCTION. XIX

preuve dans des lettres patentes de cette même année 1350, délivrées par le roi Jean aux Prévôts, Échevins, Bourgeois hansés et autres habitants de la Ville de Paris. Il y est dit que la Ville succombe sous le poids de ses charges; qu'elle ne peut plus distribuer les aumônes accoutumées, et qu'elle eût été obligée d'y renoncer sans la généreuse initiative prise par la Compagnie des Marchands de l'eau.

Ceux-ci, en effet, assaillis sans doute par les vieux «gaigne-deniers» mis en réforme, par les veuves et les enfants des jaugeurs, mesureurs, hénouards et autres menus officiers des ports, «atendant l'aumosne,» voyaient avec peine qu'ils ne pouvaient ni ajourner ni payer la maigre pension allouée à ces malheureux : «quasi impossibile esset ville hujusmodi arreragia solvere; «imo opportuit quasi necessario dimittere eleemosynas consuetas.» Ils prirent la résolution de s'imposer une cotisation individuelle de vingt sous parisis, dans le cas où la somme des bénéfices résultant de la Compagnie française atteindrait ou dépasserait cent livres parisis, et de dix sous parisis seulement, si leurs recettes tombaient à vingt livres, ou au-dessous. Librement consenti par les Marchands parisiens, auxquels les vieux privilèges de la Hanse permettaient de prendre leur part des profits réalisés par les bateliers et voituriers forains, ce «droit des pauvres,» autorisé par le roi Jean, perçu par le Prévôt et les Échevins, pour être distribué aux vieux serviteurs de la Ville et à leur famille, ajouta une attribution nouvelle aux dépositaires du pouvoir municipal. C'était, à la fois, le principe de la retraite et du prélèvement sur le revenu, posé, dès le milieu du XIVe siècle, par le Corps municipal parisien, bien avant qu'on songeât au dixième de la recette brute sur les plaisirs et spectacles, au profit du Grand Bureau des pauvres [1].

Il ne nous reste plus, avant d'arriver à la Prévôté d'Étienne Marcel, qu'à relever, dans la grande ordonnance du roi Jean, en date de 1351, les divers articles portant confirmation des droits et privilèges de l'Échevinage parisien, et à mentionner la part qui lui est faite dans la police de la cité. Ces dernières dispositions, rapprochées de celles que nous avons indiquées sommairement dans le cours de ce travail, donneront la mesure assez exacte du pouvoir que les Bourgeois de Paris mirent en la main de Marcel, le jour où ils le placèrent à la tête des affaires municipales.

Et d'abord, le chef de l'Échevinage participe à l'inspection de la boulan-

---

[1] *Preuves de la Dissertation de Le Roy*, p. cxv.

gerie; les quatre prud'hommes chargés de visiter le pain, deux fois par semaine, «es ostelz des Tallemeliers de ladicte ville,» doivent être élus «a ce «apelé le Prevost des Marchanz [1].»

La «marchandise de vin» n'est pas l'objet d'une moindre sollicitude. Ceux qui en font commerce, au lieu et place des producteurs et vignerons ne pouvant se rendre à Paris, doivent offrir des garanties spéciales de loyauté et de solvabilité. Ils ne sont «receus en l'office de courraterie» qu'à la condition expresse de «bailler pleige, ou asseuremens souffisans de trente «livres parisis, par devers le Prevost des Marchanz [2].» C'est le factorat moderne, avec cautionnement.

Le poisson de mer, qui, pendant la saison d'hiver, entrait pour une large part dans l'alimentation de la population parisienne, est soumis à une inspection aussi sévère que la marchandise des Talemeliers, et les quatre prud'hommes chargés d'inspecter les étaux et «pierres à poisson» ne peuvent être nommés que «a ce apelez le Prevost des Marchanz et plu«seurs des plus loyaulx et soufisans bones genz de la ville de Paris [3].»

Les marchands forains avaient toujours été placés sous la main de la Hanse parisienne, qui, jalouse de son monopole, ne les laissait arriver à Paris qu'à la condition de partager leurs bénéfices avec elle. Le roi Jean n'a garde de violer ou de restreindre cet antique privilége : «consuetudinibus «et usagiis ex magna antiquitate concessis,» comme il le dit lui-même dans ses lettres patentes de 1350. Au privilége de «Compaignie françoise» il ajoute le droit de surveillance, et probablement d'amende ou de confiscation, «en cas que l'en rapeleroit en doute que aucune des denrées et mar«chandises soient loyaulx et souffisans.»

C'est alors qu'intervenaient ordinairement le Prévôt de Paris et les jurés des Métiers; mais le roi Jean, plein de confiance en ses Bourgeois de Paris, ordonne que «les Mestres des mestiers ne en puissent congnoistre sans apeler «le Prevost des Marchanz [4].»

Le sel, condiment indispensable, avait toujours été placé sur le même pied que le pain et le vin, et, comme tel, soumis à l'autorité municipale, sans préjudice des droits du Prévôt de Paris. L'ordonnance du roi Jean va plus loin : elle autorise le Prévôt des Marchands à «mectre en taverne» (en

---

[1] *Grande ordonnance du roi Jean*, tit. II, art. 5.
[2] *Ibid.* tit. II, art. 72.
[3] *Ibid.* tit. IX, art. 128.
[4] *Grande ordonnance du roi Jean*, tit. XV, art. 163.

INTRODUCTION.

boutique) et à faire vendre «se mestier est,» c'est-à-dire en cas de besoin, le sel que les marchands détiendraient depuis plus de quarante jours[1].

L'approvisionnement de Paris est, on le voit, la source commune des droits et des devoirs de l'Échevinage parisien. Le Prévôt et les Échevins, quoique entourés de juridictions nombreuses et jalouses, ont presque tout pouvoir quand il s'agit d'assurer l'alimentation de leurs concitoyens : *salus populi suprema lex*.

Enfin, l'antique famille municipale, composée des menus officiers du Parloir, est, plus que jamais, mise sous la main du Prévôt et des Échevins. Les mouleurs de bois, les mesureurs de charbon, dont l'office tient à l'approvisionnement et touche de près à l'alimentation publique, ne peuvent ni être plus nombreux, ni prendre un plus haut prix que «par ordenance faicte «ancienement a Paris, ou Parlouer aus Borgois, a esté ordené[2].»

Entre la date de cette ordonnance et l'ouverture des États généraux de 1355, quatre années s'écoulent, pendant lesquelles le Corps municipal, tout occupé sans doute de pourvoir aux nécessités financières d'une guerre sans fin, ne laisse aucune trace de son administration. Dans cet intervalle, cependant, Étienne Marcel avait succédé à Hugues Le Cocq, et les premiers mois de sa gestion durent être conformes à l'antique tradition de l'Échevinage. Devenu homme politique, par le fait des malheurs du temps autant peut-être que par ambition personnelle, il ne cesse pas, dans les jours même les plus agités, de prendre souci des choses municipales. C'est comme chef de la Marchandise et du Corps de Ville qu'il acquiert, en 1357, «par le vendage que Jehan d'Aucerre et Marie sa fame» lui en ont fait «pour et ou nom de ladicte ville et de toute la Comunauté d'icelle,» une maison «séant ou lieu que l'en dit Greve,» que «iceulx Jehan et Marie» avaient reçue en don du dauphin Charles, régent du royaume[3]. Ce fameux «ostel du Dalphin, a deus pignons par devant,» c'est la Maison aux Piliers; c'est le siége de la puissance éphémère de Marcel; c'est le futur Hôtel de Ville.

Au moment où l'ambitieux Prévôt y entra, comme dans son Louvre, quels pouvoirs y trouvait-il, et quels fondements ces pouvoirs, d'antique origine, accrus d'âge en âge par le développement même de la cité, pouvaient-ils

[1] *Grande ordonnance du roi Jean*, tit. XL, art. 203.
[2] *Ibid.*, tit. XLIV, art. 212.
[3] *Preuves de l'Histoire de la Ville de Paris*, t. I, p. 274.

lui fournir pour y asseoir l'édifice de sa fortune politique? Ces pouvoirs, nous les avons énumérés successivement, en les induisant des documents authentiques où ils sont énoncés. Contestés, au commencement du xviiie siècle, par le commissaire De Lamare, dans un intérêt étroit de juridiction et de vanité rivale, ils ont été défendus et mis en pleine lumière par le contrôleur Le Roy, dont la savante dissertation est restée inattaquable. Félibien, de son côté, les expose longuement au commencement du livre XIII de son *Histoire de Paris*, et le P. Du Breul, le plus archaïque des historiens de Paris, qui écrivait un siècle auparavant, en dehors de toute controverse et de toute vaine idée de préséance, les résume sommairement, après avoir repoussé le système de Du Haillan et d'autres auteurs à courte vue, qui voyaient dans les actes de Philippe-Auguste une création, et non une confirmation des antiques priviléges de la Marchandise de l'eau.

« Les Prevost des Marchands et Eschevins, dit Du Breul, ont charge des « fortifications et guets de la Ville, et de tenir la main à ce que les bledz, « vins, bois et charbons soient vendus à prix raisonnable; à ce que les Bour- « geois ne soient foullez et oppressez; à avoir esgard qu'il ne se face par la « Ville nul monopole ny entreprinse, ou contre le Roy ou l'Estat, ainsi qu'on « pourroit voir plus amplement ès *Ordonnances royaulx*, sur le faict de juri- « diction de ladite Prevosté et Eschevinage [1]. Es assemblées et processions « générales et publiques, lesdits magistrats sont revestus de robbes mi-par- « ties de rouge et tanné, le Prevost des Marchands (ainsi appellé à la diffé- « rence du Prevost de Paris) de la sienne de satin, et les quatre Eschevins « des leurs de drap. Ces magistrats sont assistez d'un Procureur du Roy et « de vingt-quatre Conseillers, et servis d'un Greffier, d'un Receveur, d'un « Clerc, de dix Sergents, des Quarteniers et des Cinquanteniers et Diziniers.

« Les offices de Sergents se doivent donner par lesdits sieurs Prevost et « Eschevins, à ceux lesquels leur sont certifiez hommes de bien et de bonne « réputation, et qu'ils trouvent capables de bien et loyallement exercer ledit « office, et de faire bons et loyaux rapports des arrests, adjournements, « exécutions, contraintes et autres exploits dépendants et appartenants audit

---

[1] Ce célèbre recueil se compose principalement de la grande ordonnance de Charles VI, relative au rétablissement de la Prévôté des Marchands, en 1411-1412. Il en existe de nombreuses éditions, notamment celle de 1500, dont nous avons reproduit le frontispice dans l'*Introduction à l'Histoire générale de Paris*. On l'a réimprimé, avec des additions jusqu'en 1672, époque où parut la grande ordonnance de Louis XIV. Nous n'y avons point eu recours pour établir les attributions de l'Échevinage parisien, parce que l'ordonnance de Charles VI, faisant cesser la «mainmise» sur le gouvernement municipal, est postérieure de plus d'un demi-siècle à la Prévôté d'Étienne Marcel.

INTRODUCTION. XXIII

« office. Ce que lesdits Sergents promettent et jurent d'effectuer et observer
« le jour de leur réception, sans acception de personne, ny prendre autre
« salaire ou récompense que celui à eux prescrit par les ordonnances. Tous
« lesdits Sergents, tant du Parloër aux Bourgeois que de la Marchandise,
« ont d'ancienneté, tous les ans, une courte robbe neufve, my-partie de bleu
« et rouge, ou bien la somme de cent sols parisis pour chacune d'icelles,
« prise sur le revenu du Parloër aux Bourgeois. Et, pour leurs gages ordi-
« naires, les six Sergents du Parloër aux Bourgeois ont un denier par cha-
« cun jour, qui est, par an, trente sols cinq deniers tournois. Mais les
« quatre autres de la Marchandise ont six deniers par chacun jour, qui
« montent en somme, pour l'année, à neuf livres deux sols six deniers tour-
« nois, en considération des chevauchées qu'ils font pour aller voir et reco-
« gnoistre les empeschements qui sont sur les rivières et bords d'icelles.

« Les six Sergents du Parloër aux Bourgeois adjustent, estalonnent et
« signent au seing de la fleur de lys, toutes les mesures à vin, cervoise,
« sidre et autres breuvages de toutes les tavernes, cabarets et autres lieux
« où l'on vend desdicts breuvages par la Ville et banlieue de Paris, et ail-
« leurs où lesdicts sieurs Prevost et Eschevins ont droict de bailler lesdictes
« mesures. Et, pour leur salaire, ont quatre deniers parisis pour la pinte, et
« autant pour les chopine et demi-septier. Ils estalonnent pareillement et
« signent toutes les mesures à miel et aux graines, qui se vendent en destail
« par lesdits lieux, et tous les barils et autres vaisseaux que l'on veut avoir,
« qui tiennent un sextier justement; quand bon leur semble et qu'il est ex-
« pédient, à tout le moins une fois l'an, ils ont pouvoir de visiter les mai-
« sons des taverniers, hosteliers, espiciers et autres; s'ils treuvent quelques
« mesures qui ne soient point estalonnées à leurs estalons et signées au seing
« de la fleur de lys, ou quelques chopines et peintes qui ne soient bonnes et
« justes comme il faut, ils sont tenus de les saisir, prendre et apporter au
« Procureur du Roy en l'Hostel de Ville, lequel poursuit, pardevant lesdits
« Prevost et Eschevins, ceux à qui appartenoient lesdites mesures, pour se
« voir condamner à l'amende, et à voir rompre, en leur présence, lesdites
« mesures trouvées forfaites.

« Les Quarteniers commis et départis par les quartiers de la Ville, pour
« veiller sur le peuple, et prendre garde que nuls estrangers, séditieux ou
« rebelles, ne puissent faire nulles conspirations, ne monopoles, au préju-
« dice du repos public, pour recevoir et envoyer les mandemens de mes-
« sieurs les Prevost des Marchands et Eschevins à leurs Cinquanteniers, et

« pour tenir la main à l'exécution d'iceux, et, en temps de trouble ou de
« guerre, pour donner ordre qu'on face bon guet et garde sur les rampars,
« aux portes et par les rues, si besoin est.

« Les Cinquanteniers, ayans receu des Quarteniers les mandemens des
« Prevost et Eschevins, sont tenus d'en faire diverses coppies, et en envoyer
« une à chaque Dixenier, à ce que promptement ils les mettent en exécution,
« chacun en sa Dixaine. Et, cas advenant qu'aucun Dixenier fust absent,
« ou peu au précédent décédé, et qu'en sa place un autre n'eût encore esté
« receu, en ce cas, son Cinquantenier est tenu de suppléer à son défaut, et
« en faire le deu de sa charge.

« Quand on se deffie de quelque entreprinse ou révolte, les Dixeniers
« sont tenus, suivant les mandements desdicts sieurs de Ville, d'aller faire
« des exactes recherches des estrangers et incognus qui sont logez sur leurs
« Dixaines, et de faire des amples et loyaux rapports des noms de leurs
« hostes, et de leurs qualitez et équippage, et leur Quartenier, toutes les fois
« que besoin est.

« Les Archers, Arbalestriers et Hacquebuttiers sont aussi du Corps de cet
« Hostel de Ville parisien, et, quand il se fait quelques solemnitez ou pro-
« cessions, esquelles Messieurs de la Cour des Comptes et de la Ville se
« treuvent, ils sont tenus d'aller quérir et assister lesdits sieurs, avec leurs
« équippage et armes, à ce qu'ils ne soient pressez et ne se face aucun tu-
« multe.

« Les Guets, tant de pied que de cheval, obéissent aussi ausdits Prevost et
« Eschevins, et font mesme charge que ceux appellez, à Venise, *la Justice
« nocturne* : car ils font garde en plusieurs lieux, ou marchent toute la
« nuict, pour recognoistre s'il se fait point quelque insolence ou volerie,
« parmi un si grand monde que nostre Ville. Et ont pouvoir d'entrer par-
« tout où ils entendent quelque bruit extraordinaire, et de saisir et prendre
« au corps tous ceux qui battent le pavé, ayans des armes...

« Les cinquante-quatre Mesureurs de grain, les soixante Vendeurs de vins,
« les soixante Courretiers de vins, les douze Jaulgeurs, les Deschargeurs de
« vins, les vingt-quatre Crieurs de vin et corps, les deux Pontonniers des
« ports dits de Bourgongne et de France, en Grève, les deux Courretiers qui
« louënt les chevaux aux Marchands remenant ou amenant voitures par la
« rivière, les quarante Jurez Compteurs et Mouleurs de busches, les dix-
« huict Mesureurs et porteurs de charbon, les vingt-quatre Mesureurs de sel,
« les vingt-quatre Hénouards porteurs de sel, les quatre Briseurs de sel, les

INTRODUCTION. XXV

« quatre Courretiers de sel, les deux Mesureurs et Revisiteurs d'aux et d'oi-
« gnons, les deux Mesureurs de noix, pommes, nefiles et chastaignes, les
« trois Mesureurs de guesdes, les deux Mesureurs de chaux, les deux Cour-
« retiers de graisses, les deux Maistres des ponts de Paris, et ceux des ponts
« de Poysi, Mante, Vernon, Pontoise, l'Isle Adam, Beaumont sur Oise,
« Creel, Ponts Saincte-Messance, Compiegne, et des pertuits de Combarbe
« et de Poses; les Chableurs des ponts de Corbeil, Melun, Montereau-faut-
« Yonne, Ponts sur Yonne, Villeneuve-le-Roy, et du pertuis Auferne, sont
« justiciables desdicts sieurs Prevost des Marchands et Eschevins, et tenus
« d'obéir à leurs ordonnances[1]. »

Si longue et si minutieuse que soit l'énumération des offices et des officiers municipaux cités par Du Breul, elle est loin de représenter la somme
d'action ou d'influence qui fut mise en la main d'Étienne Marcel le jour où
il devint le chef du Corps municipal. Riche marchand, allié à la plupart
des grandes familles du commerce parisien, il pouvait compter sur les six
Corps, Drapiers, Épiciers, Pelletiers, Merciers, Orfévres, Changeurs et Bon-
netiers, qui constituaient la haute aristocratie bourgeoise. Par le fait des
tailles ordinaires et des aides extraordinaires que la Ville était obligée d'accorder aux rois besogneux, l'Échevinage était en relations presque per-
manentes avec les gens de métier; et, bien que ceux-ci fussent légalement
placés sous la juridiction du Prévôt royal, ils n'en subissaient pas moins
l'ascendant du Prévôt des Marchands, et se rangeaient volontiers derrière
lui, parce qu'ils en attendaient aide et protection. Quoique riche et qualifié,
le chef du Corps municipal était, en quelque sorte, leur pair; ils le savaient, et, lorsqu'un appel leur était fait, ils se considéraient, dans une certaine mesure, comme formant l'arrière-ban de la grande armée marchande
et ouvrière, surtout lorsque le pouvoir royal, affaibli par une longue série
de défaites et d'humiliations, laissait dépérir entre les mains des Prévôts
royaux l'autorité d'emprunt que ceux-ci tenaient de lui, et s'accroître d'autant l'influence de la Prévôté bourgeoise.

Ces gens de métier, qui faisaient des révolutions dans les Flandres et
offraient un noyau de solide résistance à quiconque tentait de les mâter,
étaient fort nombreux à Paris, si l'on en juge par les maîtres-jurés qui défi-
lèrent, moins d'un siècle auparavant, devant le Prévôt Étienne Boileau. En

[1] *Théâtre des antiquitez de Paris*, liv. III, p. 748.

suivant l'ordre d'enregistrement de leurs statuts, on compte parmi eux plus de cent professions industrielles, déduction faite des menus offices du Parloir. Ce sont :

Les Talmeliers;
Les Meuniers;
Les Blatiers et vendeurs de grains;
Les Taverniers;
Les Cervoisiers;
Les Regrattiers de pain, sel, poisson et autres denrées;
Les Regrattiers de fruit et d'aigrun;
Les Orfévres;
Les Potiers d'étain;
Les Cordiers;
Les menus Ouvriers d'étain et de plomb;
Les Ouvriers en fer (Maréchaux, Veilliers, Greffiers et Heaumiers);
Les Couteliers;
Les Faiseurs de manches;
Les Serruriers;
Les Boîtiers;
Les Batteurs d'archal;
Les Boucliers de fer (fabricants de boucles);
Les Boucliers d'archal et de cuivre;
Les Tréfiliers de fer et d'archal;
Les Attacheurs (fabricants de clous à attacher);
Les Haubergiers;
Les Patenôtriers d'os, de corne, de corail, de coquilles, d'ambre et de jais (fabricants de chapelets et menus objets de piété);
Les Cristalliers et Verriers (Joailliers et lapidaires);
Les Batteurs d'or et d'argent à filer;
Les Batteurs d'étain;
Les Batteurs d'or et d'argent en feuilles;
Les Laceurs de fil et de soie (Merciers);
Les Filleresses de soie à grand fuseau;
Les Filleresses de soie à petit fuseau;

Les Crépiniers de fil et de soie;
Les Ouvrières en tissus de soie;
Les Braaliers de fil (fabricants de coutil);
Les Ouvriers en soie, en velours et en « boursserie de lice; »
Les Fondeurs et Mouleurs de boucles, mordants, fermoirs, anneaux, etc.;
Les Fremaillers de laiton (fabricants de fermoirs);
Les Fabricants de boucles à soulier en laiton, archal, cuivre, os, corne et ivoire;
Les Tisserandes de « queuvrechiers de soie » (Bonnetières);
Les Lampiers (fabricants de lampes et chandeliers);
Les Barilliers (fabricants de barils);
Les Charpentiers;
Les Maçons, Tailleurs de pierre, Plâtriers et Morteliers;
Les Écuelliers (fabricants de vases en bois);
Les Tisserands de lange (Drapiers);
Les Tapissiers « notrez » (fabricants de tapis indigènes);
Les Tapissiers sarrasinois (fabricants de tapis orientaux);
Les Foulons;
Les Teinturiers;
Les Chaussiers;
Les Tailleurs de robes;
Les Liniers (marchands de lin);
Les Marchands de chanvre et de fil;
Les Chavenaciers (ouvriers travaillant le chanvre);
Les Épingliers;
Les Imagiers-Tailleurs;
Les Peintres-Imagiers;

INTRODUCTION.

Les Huiliers;
Les Chandeliers de sieu (de suif);
Les Gaagniers de fouriaux (Gaîniers);
Les Garnisseurs de gaînes;
Les Pingniers (fabricants de peignes) et Lanterniers;
Les Tabletiers;
Les Oyers (Rôtisseurs) et Cuisiniers;
Les Poulailliers (marchands de volailles);
Les Deiciers (fabricants de dés);
Les Boutonniers d'archal, cuivre et laiton;
Les Étuveurs;
Les Potiers de terre;
Les Merciers;
Les Fripiers;
Les Boursiers (fabricants de bourses);
Les Peintres et Selliers;
Les Chapuiseurs (fabricants d'arçons);
Les Blasonniers;

Les Bourreliers;
Les Lormiers (Harnacheurs);
Les Baudroyers (fabricants de baudriers);
Les Cordouanniers;
Les Cavetonniers de petits souliers;
Les Çavatiers;
Les Corroyers;
Les Gantiers;
Les Chapeliers { de fleurs; de feutre; de coton; de paon;
Les Fourreurs de chapeaux;
Les Feseres (fabricants) de chapeaux d'orfroi;
Les Forbères (Fourbisseurs).
Les Pêcheurs;
Les Archers (fabricants d'arcs);
Les Poissonniers { de mer; d'eau douce.

Malgré la longueur de cette énumération, on peut encore relever, dans les ordonnances sur le commerce et l'industrie rendues de 1270 à 1300 par le Prévôt de Paris, quelques métiers dont les statuts n'ont point été enregistrés par Étienne Boileau. Ce sont notamment :

Les Oubliers (Pâtissiers);
Les Forcetiers (fabricants de forces, ou grands ciseaux;)
Les Huchers;
Les Escriniers;
Les Brodeurs;
Les Faiseurs d'aumônières;

Les Coutepointiers (fabricants de couvertures;)
Les Mégissiers;
Les Chirurgiens;
Les Courtiers de chevaux;
Les Bateliers, etc. etc.

Quel effectif pouvait bien présenter cette masse de gens de métier? Il est assez difficile de le préciser, même en consultant les livres de la Taille et les commentaires dont les éditeurs modernes les ont accompagnés. Cependant, si l'on en croit Godefroy de Paris, cherchant à évaluer le nombre des Parisiens qui assistèrent à une «monstre,» ou revue, passée par Philippe le Bel trente ans environ avant la Prévôté d'Étienne Marcel, «tretous les «mestiers,» c'est-à-dire les maîtres, valets et apprentis, formaient une troupe de cinquante mille hommes [1]. Moins de trente ans après Marcel, la révolte des Maillotins mit sur pied, dit Froissart «gens d'armes plus de soixante «mille et plus de cinquante mille maillets, et autres gens, comme arbales-«triers et archers [2].» Enfin Guillebert de Metz, qui écrivait en 1407, un demi-siècle après la bataille de Poitiers, dit que «l'en souloit estimer à Paris «plus de quatre mil tavernes de vin, plus de quatre vingt mil mendians, «plus de soixante mil escripvains (copistes), item de escoliers et gens de «mestier sans nombre [3].» C'était donc une véritable armée de travailleurs et de jeunes gens que Marcel avait sous la main, en même temps qu'il exerçait, comme chef des six Corps, une influence décisive sur la haute bourgeoisie.

Quel usage fit-il de cet immense pouvoir? Il ne nous appartient point de le dire; c'est le sujet du livre de M. Perrens. Nous devons nous borner à indiquer les conséquences municipales de la lutte qu'il soutint contre le pouvoir royal, et de la défaite qui suivit de près ses entreprises. Ici, comme dans tout le cours de cette étude sommaire, il convient de laisser parler les faits et les documents authentiques.

Il existe, aux Archives nationales, deux pièces qui ont été écrites à huit mois d'intervalle, et dont le rapprochement est saisissant. La première est un acte d'Étienne Marcel, en date du 18 avril 1358, ordonnant de «mettre «en la maison de la Ville» une quantité d'armes et de munitions que les sergents royaux devaient faire conduire à Meaux pour combattre les Jacques. C'était transformer la Maison aux Piliers en arsenal. Les lettres du Prévôt rebelle sont scellées du sceau de la Marchandise, sans fleurs de lys, c'est-à-dire sans aucune attache du pouvoir royal qu'il combattait. Huit mois plus tard, Marcel a succombé; l'autorité prévôtale est entre les mains de Tristan Gentien, qui liquide les dettes de la guerre civile et établit, étrange analogie avec les temps modernes, les états d'*indemnités* à payer aux Parisiens. Les lettres du nouveau Prévôt, en date du 11 décembre, sont scellées également du sceau de la Marchandise; mais, cette fois, les fleurs de lys apparaissent à côté de la barque des Nautes parisiens. Le Roi a mis, moralement du moins, la main sur le pouvoir municipal, et le premier échec sera bientôt suivi d'un second. Vingt-cinq ans plus tard, Charles VI confisquera purement et

---

[1] *Chronique métrique de Godefroy de Paris*, édit. Buchon, p. 194.

[2] *Chron. de Froissart*, Lyon, 1586, 2ᵉ vol. p. 175.

[3] Guillebert de Metz, *Description de Paris sous Charles VI*, dans *Paris et ses historiens*, par MM. Le Roux de Lincy et L.-M. Tisserand, p. 232.

simplement les droits et priviléges de l'Échevinage, nommera un simple garde de la Prévôté bourgeoise, et annexera, pour un temps, cet antique office à la Prévôté royale.

Charles V, régent du royaume pendant la captivité de son père, homme plus circonspect qu'entreprenant, n'ose pas pousser les choses à l'excès; mais il témoigne, d'une façon extrêmement significative, son mécontentement envers les Bourgeois qui ont pactisé avec Étienne Marcel. Sans parler des exécutions et autres mesures de rigueur qui sont le triste épilogue des guerres civiles, il exige d'eux, par l'intermédiaire de Tristan Gentien, qu'ils lui rendent des comptes et qu'ils établissent l'emploi des deniers municipaux. «Nous avons entendu que pluseurs personnes de la Ville de Paris ont à «compter de pluseurs et tres grandes sommes de deniers qu'ils ont receues, «tant des aydes faictes et octroyées à ladicte Ville, comme des emprunts «faicts pour les forteresses, gendarmes et autres choses nécessaires à la «garde, deffense et seureté d'icelle, et aussi de pluseurs revenus et autres «choses apartenant à ladicte Ville, et de pluseurs missions, frais et despens «pour eulx faicts desdictes receptes, tant en la fortification de la Ville «comme aultrement. Si vous mandons et commettons que..... vous éli- «ziez, ordeniez et commettiez aulcunes bonnes et souffisantes personnes pour «oir et recepvoir lesdicts comptes..... Et se il advenoit que aulcun de «ceulx qui ont à compter, comme dit est, fussent, en aulcune maniere, re- «fusant et dilayant de rendre leursdicts comptes..... commettons, se mes- «tier est, au Prevost de Paris, ou à son lieutenant..... que il les con- «traigne à rendre compte par devant les dessusdicts [1].» Voilà donc le Prévôt royal chargé de poursuivre ces fiers Bourgeois qui avaient fait trembler le Régent du royaume.

Dix-neuf ans plus tard, la comptabilité de la guerre civile n'était point encore apurée : plusieurs personnes, se prétendant créancières d'Étienne Marcel, insistaient pour être payées; mais «l'ainsné du Roy de France, le «Dalphin de Viennois,» arrivé à la fin de son règne, n'avait point oublié «le «tems que ledict Estienne entreprint follement, par son grant oultrage et «par maniere de monopole et rebellion, le gouvernement d'icelle Ville.» Aussi défend-il absolument au Prévôt en exercice de faire honneur à la signature de Marcel. «Si vous mandons et estroitement enjoingnons, dit-il,

---

[1] *Vidimus* du Garde de la Prévôté de Paris, du 19 décembre 1358, dans les *Preuves de la Dissertation de Le Roy*, p. cxvi. Cette pièce significative est postérieure, de huit jours seulement, aux lettres de Tristan Gentien que nous avons citées plus haut.

« que desdictes debtes, vous ne païez, ne ne souffriez estre païé aucune
« chose, nonobstant quelconques mandemens[1]. »

Ainsi, condamnation, au moins pour un temps, de la mémoire de Marcel, amoindrissement sensible du pouvoir municipal, apposition de la fleur de lys, c'est-à-dire de la main royale sur le vieux sceau de la Marchandise, surveillance inquiète des actes de la Bourgeoisie parisienne, tendance manifeste de la Royauté à diminuer ou à supprimer les droits et priviléges de l'Échevinage, dès qu'il semble vouloir renouer les traditions révolutionnaires de 1358, telles sont les conséquences historiques de « l'entreprinse » du célèbre Prévôt. Ces conséquences, comme les actes qui les ont amenées, peuvent être jugées diversement; mais elles restent à l'état de faits, et il n'est guère possible d'écrire l'histoire de la Prévôté d'Étienne Marcel sans les indiquer.

L'étude sommaire que nous venons de faire, et dont nous sentons, mieux que personne, toutes les imperfections, n'a d'autre but que de préparer le lecteur, par une sorte d'introduction plus municipale que politique, au récit des événements qui remplissent le livre de M. Perrens. Quelques-uns de ces événements ont Paris pour théâtre; d'autres, et c'est le plus grand nombre, se passent sur tous les points du royaume, et Marcel en est presque toujours l'agent ou le promoteur; ils sont la conséquence plus ou moins directe de l'attitude qu'il a prise et des idées qu'il a cherché à faire prévaloir. Les limites ordinaires du gouvernement municipal sont donc dépassées; la mesure s'agrandit; la scène se déplace, et, pour accommoder à cette situation un vers resté célèbre, la Prévôté des Marchands n'est plus à Paris; elle est partout où est Marcel, partout où s'exerce son influence.

Ce développement anomal d'un pouvoir réduit, avant et après, à des proportions infiniment plus modestes, a conduit la plupart des écrivains qui se sont occupés d'Étienne Marcel à ne voir en lui qu'un homme de circonstance, et dans ses actes qu'un accident historique. Il semble que ses fonctions régulières aient disparu devant l'énormité de son pouvoir d'un jour, et que son rôle normal se soit fondu dans le personnage excessif qu'il a joué. Marcel, homme politique, a complétement effacé Marcel, chef de l'Échevi-

[1] Lettres patentes de Charles V, du 2 juillet 1377, dans les *Preuves* de Félibien, t. III, p. 320.

nage parisien, et cette absorption a eu pour résultat, ainsi que nous l'avons déjà fait observer, de jeter dans l'ombre plusieurs générations de magistrats municipaux.

La monographie que M. Perrens a eu la pensée d'écrire fournissait une occasion toute naturelle de replacer les personnes et les choses à leur juste niveau. Si mêlé qu'il ait été aux faits généraux de notre histoire, Marcel est resté Parisien, Bourgeois, Échevin par un certain côté; c'est à ses fonctions municipales qu'il a dû son élection aux États de 1355; c'est aux droits, titres et priviléges de la Prévôté, que se rattachent l'influence énorme qu'il a exercée et les moyens d'action qu'il a mis en œuvre. Il était impossible de le taire, au début d'un livre destiné à prendre place dans la collection de l'*Histoire générale de Paris*, et à former la tête d'une nouvelle série : *Les Prévôts, les Échevins et leur administration*.

Les lecteurs, plus soucieux des idées que des faits, et plus enclins à étudier le mouvement général des esprits en France que les phases diverses par lesquelles a passé l'Édilité parisienne, regretteraient peut-être que la haute personnalité de Marcel fût abaissée à la taille ordinaire d'un magistrat municipal. Habitués à ne voir dans l'ami de Charles le Mauvais, dans l'antagoniste passionné du Dauphin, que le représentant hâtif d'un certain ordre d'idées politiques, que le précurseur impatient de certains principes sociaux, dont l'éclosion exigeait encore une incubation de plusieurs siècles, ils craindraient sans doute de diminuer cette hautaine figure, en la descendant de son cadre pour la ranger dans la galerie commune de l'Échevinage parisien. Qu'ils se rassurent : Marcel gardera son rôle étrange, exceptionnel, parce que ce rôle est dans l'histoire, et que nul n'a le droit de supprimer les faits, ou les personnages, du grand drame qui s'est joué, en notre pays, vers le milieu du xive siècle.

Mais cet autre rôle, plus modeste, plus effacé, dont ses prédécesseurs s'étaient contentés, et qui a suffi à l'ambition de ses successeurs, n'offre certainement pas moins d'intérêt. Nous avons essayé d'en indiquer les traits principaux et les grandes lignes; on nous permettra de signaler, en terminant, à la sagacité du lecteur, les périodes véritablement caractéristiques de notre histoire municipale, et d'appeler l'attention des hommes d'étude sur les Prévôts qui, comme Marcel, sont la personnification vivante des vérités et des erreurs de leur temps. Ces époques et ces hommes-types, autour desquels un historien peut grouper toutes les idées et tous les faits dont se composent les annales de notre Hôtel de Ville, sont en petit nombre : il y a là matière à cinq ou six monographies, que nous osons recommander aux amis des études sérieuses.

Antérieurement à Étienne Marcel, la Prévôté des Marchands est une magistrature de famille, qui se personnifie dans les membres les plus distingués de la Bourgeoisie parisienne. Les Bourdon, les Popin, les Barbette, représentent exactement l'influence du riche négoce sur les choses municipales, aux xie et xiie siècles, ainsi que dans la première moitié du xiiie.

Avec Étienne Marcel commence la période orageuse, qui a pour terme l'expulsion des Anglais et la reconnaissance de Charles VII par les Parisiens (1436). Dans cet espace de quatre-vingts ans, dont il faut retrancher trente années de confiscation, le gouvernement municipal a des alternatives de faveur et de disgrâce; il est tour à tour parisien et navarrais, anglais et bourguignon, national et étranger. La garde de la Prévôté, mise en la main du Prévôt royal et administrée en sous-ordre par un bourgeois délégué, constitue même une période à part, qui a pour représentants deux hommes appartenant aux plus vieilles et plus honorables familles parisiennes : Charles Culdoé et Jean Jouvenel des Ursins.

Viennent ensuite cent quarante années d'une administration paisible, pendant lesquels le pouvoir municipal tend à se dégager insensiblement de la Marchandise de l'eau et à accroître ses priviléges propres, en cessant de les identifier avec ceux de l'antique Hanse parisienne. Soit que les Bourgeois, enrichis par des siècles de commerce, aient poussé leurs enfants vers la magistrature, les offices et la noblesse de robe, soit que les électeurs restreints du corps électoral parisien aient vu, pour eux et pour la Ville, une protection plus puissante dans les gens en place, les hautes charges municipales sont confiées à des conseillers du Roi, à des grands officiers de la Couronne, à des magistrats du Parlement et de la Cour des comptes, à des savants et à des lettrés. L'élément bourgeois et marchand n'est point exclu, mais il est subordonné; les membres des six Corps, jadis en possession de tous les offices municipaux, n'arrivent plus qu'aux fonctions d'Échevin. C'est l'époque des Baillet, des Bureau, des Violle, des de Marle, des Roger Barme, des Spifame, des Budé, des de Thou, etc. On sent que les anciennes influences se déplacent; la direction des affaires semble appartenir plus légitimement au rang, au savoir, à l'expérience acquise dans les hautes fonctions, qu'à la fortune amassée dans la boutique ou dans le comptoir.

Avec les guerres de religion, reparaît la passion politique transformée.

INTRODUCTION.

L'esprit de parti se cache sous les dehors de l'orthodoxie, et les mauvais jours de Marcel et des Maillotins se lèvent de nouveau sur la ville agitée. Cette fois encore, Paris, son administration, son histoire propre sont absorbés par l'histoire générale de notre pays; la Prévôté et l'Échevinage semblent entraînés dans le mouvement qui emporte la royauté et la dynastie; les Quarteniers, officiers municipaux subordonnés, prennent la tête des affaires; au Prévôt, aux Échevins ont succédé les Seize. Cette période orageuse a eu, comme celle d'Étienne Marcel, ses historiens politiques; son histoire municipale est heureusement tout entière dans les *Registres du Bureau de la Ville*; il ne s'agit que de l'en dégager.

Enfin, avec les Luillier, les Miron, les Sanguin, le pouvoir prévôtal reprend le cours régulier de ses destinées, et rien, sauf la Fronde, — qui écrit, comme toutes les émeutes parisiennes, sa page d'histoire à l'Hôtel de Ville, — ne vient troubler la paisible succession des choses municipales. Seulement, on voit s'accentuer davantage la tendance que nous avons signalée plus haut: l'antique Prévôté des Marchands, devenue familière de la Couronne, s'y rattache chaque jour davantage par le nom, le rang, la qualité des personnages qui se succèdent à l'Hôtel de Ville. La vieille Bourgeoisie marchande, refoulée de partout, cède la place à la noblesse de robe; elle ne conserve même plus les fonctions d'Échevin; c'est dans les charges subalternes de quartenier, de cinquantenier et de dixenier qu'il faut aller chercher ses derniers représentants. Cette exclusion explique, dans une certaine mesure, la réaction bourgeoise de 1789, qui créa la mairie de Paris, et le mouvement populaire d'où sortit, peu après, la Commune.

Le programme que nous venons d'esquisser à grands traits est bien imparfait sans doute, mais il embrasse toute l'histoire de l'Échevinage parisien; c'est un cadre dans lequel les hommes de science et de goût peuvent faire entrer non-seulement ces graves figures de Prévôts et d'Échevins qui ornaient jadis l'une des salles de l'antique Maison de Ville, mais encore les idées si diverses dont le gouvernement municipal a été l'expression, et les actes si nombreux qu'il a su accomplir. Les hommes, les principes, les faits, c'est, en réalité, toute l'histoire, aussi bien dans le domaine de l'administration que dans le monde de la politique, et les écrivains auxquels le Bureau de la Ville confiait, il y a un siècle et demi, le soin d'écrire son histoire, n'en jugeaient pas autrement.

«M. Bignon, dit Lobineau, désirait que le P. Félibien pust transmettre
«à la postérité la connoissance générale de tout ce qui s'étoit passé dans
«cette capitale, tant par rapport à elle-mesme que par rapport à la mo-
«narchie[1].» Trudaine, son successeur, engageait le contrôleur Le Roy à
faire ressortir «la fausseté des opinions sur la nature et sur l'antiquité de
«l'Hôtel de Ville de Paris, et à éclairer ces points qu'il regardoit comme
«importans pour l'histoire de la Ville[2].» Turgot, le père du célèbre écono-
miste, se persuadait, dit Lebeau, «que les monuments littéraires ont encore
«plus de vie et plus de force, pour résister aux injures des temps, que les
«plus solides édifices; et, comme plusieurs citoyens avaient déjà composé
«l'histoire de cette grande cité, il crut que la capitale du royaume, distin-
«guée des autres villes par tant d'offices et d'emplois divers, devait avoir son
«historiographe[3].» Et lorsque l'académicien Bonamy, nommé à cet emploi, fut chargé d'exposer ses vues au Bureau de la Ville, «nous n'avons
«point, dit-il, d'histoire qui regarde en particulier l'Hôtel de Ville, et qui
«ait pour objet principal ce qui est émané de l'autorité de ces magistrats;
«c'est pourquoi on a cru devoir s'appliquer plus particulièrement à cette
«dernière, et se renfermer dans les faits qui ont un rapport direct au Corps
«municipal et à chacun de ses membres[4].» Enfin une délibération du Bureau de la Ville, en date du 11 avril 1734, pose, dans les termes les plus
explicites, le principe des monographies administratives, tel que nous le
concevons : «Une partie de nos obligations, qui n'est pas la moins essen-
«tielle, consiste dans la transmission à la postérité des événements les plus
«importants qui intéressent cette capitale du royaume, et en particulier
«l'Hostel de cette ville... A l'égard d'une histoire particulière de cet
«Hostel, il est de notre devoir d'en procurer une qui, quoique la première
«en ce genre, peut estre un chef-d'œuvre, pour y placer tant de faits glo-
«rieux qui caractériseront, d'une manière unique, et le lieu et les officiers
«qui ont eu et auront l'honneur d'être choisis ou préférés pour l'adminis-
«trer[5].»

L'histoire est donc de tradition à l'Hôtel de Ville de Paris, et l'ancien
Échevinage a indiqué lui-même sous quelle forme et dans quelles limites on

---

[1] *Histoire de la Ville de Paris*, préface, p. 2.

[2] *Dissertation sur l'origine de l'Hôtel de Ville*, p. 11.

[3] *Histoire de l'Académie royale de Inscriptions*, t. XXXVIII, p. 229 et 230.

[4] *Papiers de Bonamy*, recueillis par Ameilhon et conservés à la bibliothèque de l'Arsenal, portefeuille I : *Note raisonnée des ouvrages de l'historiographe de la Ville*.

[5] *Archives nationales*, 1855, fol. 483 v°.

devait raconter ses actes. L'Édilité moderne n'est pas moins sympathique à ces travaux. Les érudits auxquels elle en a confié la direction supérieure, les écrivains dont elle utilise les savantes recherches, les travailleurs plus modestes qu'elle charge de recueillir les éléments de ses grandes publications, sont tous unis dans une même pensée : sauver de l'oubli, de la destruction, de l'interprétation personnelle, les documents originaux de notre histoire, et en faire la base de toute composition sérieuse. Il semble que les dures épreuves du présent soient un nouveau motif d'étudier les choses du passé, et que le souvenir de ce que nous avons perdu nous rende plus cher encore le peu que nous a conservé la Providence. Sans être proprement une œuvre documentaire, la monographie d'Étienne Marcel est appelée à seconder ce mouvement de conservation historique; l'écrivain distingué auquel nous la devons, la Ville qui lui donne place dans sa collection naissante, auront atteint leur but, s'ils contribuent à développer le goût des études originales et à grouper sur le même terrain les historiens et les chercheurs.

L.-M. TISSERAND.

www.ingramcontent.com/pod-product-compliance
Lightning Source LLC
Chambersburg PA
CBHW060708050426
42451CB00010B/1337